# *Secretos*

*Félix A. Landráu*

© **Félix A. Landráu, 2016**

**Todos los Derechos Reservados**

flandrauautor@gmail.com

ISBN: 978-1-61887-851-9

Impreso en Puerto Rico por:

**Bibliográficas**
399 Ave. Muñoz Rivera - Suite 105A
San Juan, P.R 00918
Tel. (787) 753-3704
info@bibliograficas.com

# *Dedicatoria*

Deseo expresar mi agradecimiento a aquellas personas que de una manera u otra colaboraron en la producción de este poemario.

Me refiero a:
Sophy Ann Landráu, Joandra Donowa, Gloria González, Mercedes Chacón, Annette Escalera, María E.Cruz y Yalimar Cabrera Viera

Mención Especial:
A la Sra. Janet Alvarado por su asesoría, compromiso y ayuda incondicional para hacer de mi sueño una realidad.

# *Prólogo*

Desde que comencé a escribir poemas el tema que me
lleva a la inspiración poética es el AMOR.
El amor en su más pura expresión:
manifestando sus matices, su gracia,
su dulzura, su encanto, su romance y aún el desamor.

Solo sabremos de la forma que vamos a vivir dándonos la
oportunidad de amar a otra persona.

Lo he vivido todo, me he entregado en cuerpo y alma una
y otra vez. He desfallecido de amor, más me he levantado
con el deseo inmenso de seguir amando. Por todas esas
experiencias, es que mi musa va dedicada a tí.

# Biografía

Permíteme presentarme, mi nombre es Félix A. Landráu. Nacido y criado en la barriada Cantera en Santurce. Soy producto del sistema escolar público.

Poseo un Bachillerato en Artes de la Universidad Sagrado Corazón y otro en Administración de Empresas con una concentración en Mercadeo de la Universidad Metropolitana de Cupey.

Rondando los quince años, me incliné por el género de la poesía, y comencé a escribir inspirado en la esencia del amor.

La madre Comella, en la Universidad Sagrado Corazón fue la primera en revisar mis poesías:me orientaba y motivaba a continuar escribiendo. Ella me sugirió que hablara con un escritor de la Universidad de Puerto Rico para que me asesorara sobre perfeccionar la poesía que escribía.

Mi sueño siempre ha sido dar a conocer mis vivencias a través de mis poemas en un libro propio.

He tenido el privilegio de dar a conocer algunos de mis poemas en las antologías del Centro Poético de España.

Estos son:

*Secretos* en la antología <u>Esplendor Nocturno</u>

*Senderos de Amor* en la antología <u>Años Maduros</u>

*El encargo de Dios* en la antología <u>Inspiración Otoñal</u>

*Tu follaje, Sueños* y *Mi poesía,* en otras antologías.

# Índice

# Secretos

Yo sé un secreto
de ti
sobre tu cuerpo.
Te gusta que
te bese en el cuello.
Te apasiona.

Yo sé un secreto
de ti
sobre tu cuerpo.
Te gusta que yo recorra
cada pulgada de tu cuerpo.
Te deleita.

Yo sé un secreto
de ti
sobre tu cuerpo.
Te sientes deseada.
Te sientes mujer.

# *Insomnio*

Es de madrugada
y no logro
reconciliar
el sueño.
Estoy pensando
en ti.
Estoy deseoso
de ti.

Estoy reviviendo
en mis memorias;
la vida amorosa
que vivimos juntos.

Estoy pensando en
amarte otra vez.

Recuerdo cuando
nos hacíamos
maldades debajo
de la sábana
ardiente.
La cual calentaba
nuestros cuerpos.

Tus muslos hirviendo
deseosa de sexo.

Tus pezones enfilados
rojos de vergüenza,
de tanta entrega.
Y tú decías:
"Haz lo que
tu quieras".

# Nunca voy a mencionar tu nombre

Mi mayor gloria
es no decir tu nombre.
Nunca
voy a mencionar
tu nombre en mi poesía.
Pero tú sabrás que
este poema es por ti.
Pero las otras pensarán
que fue por ellas.
Nunca sabrán tu nombre
ese es mi secreto.
Nunca daré indicios
de tu figura.
Los que juzguen la poesía
quizás traten de encontrar
tu nombre.
Pero se pueden
encontrar varios
y nunca sabrán
que lo escribí
por ti.

# El beso

Tengo miedo de besarte
en los labios.
Solo rozo mis labios
con los tuyos.

Tengo miedo de besarte.
Y solo paso la lengua
por tus labios resecos.

Tengo miedo de besarte.
Solo paso mis labios
por las partes húmedas
de tu cuerpo.

# Mi poesía

Tu cuerpo recorrí,
y hoy lo recorro
con mis poesías.
Tu cuerpo es la
inspiración.

Nos amamos
tantas veces.
Siempre deseando más.
Siempre deseando más.

El recorrer tu cuerpo,
me hace recorrer
la poesía.
Buscando la humedad
del medio de tu cuerpo.

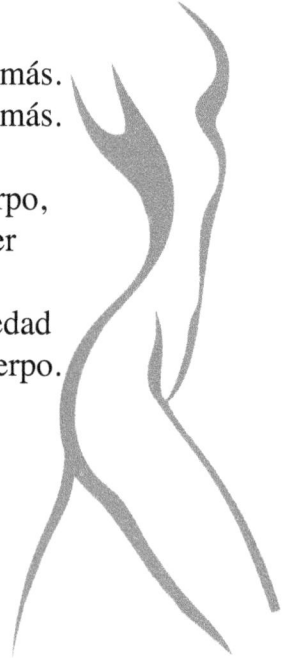

# El amor

Tanto amor y se perdió.
Se perdió por culpa
de los dos.

Tú no me amabas
como antes.
Yo no te amaba
como siempre.

Tanto amor y se perdió.
Se perdió porque
dejamos de amarnos.

# Deshice el lazo

Deshice el lazo
que amarraba tu traje
en dos partes.
La parte tuya
y la parte mía.

Al abrir el traje
quedas tú al
descubierto.
Tu sostén en juego
con lo demás hasta
el color de tu piel.

Fui quitando
lo que quedaba
en tu cuerpo.
Los pezones erizados
salieron a respirar
y tu respiración
se hizo más profunda.

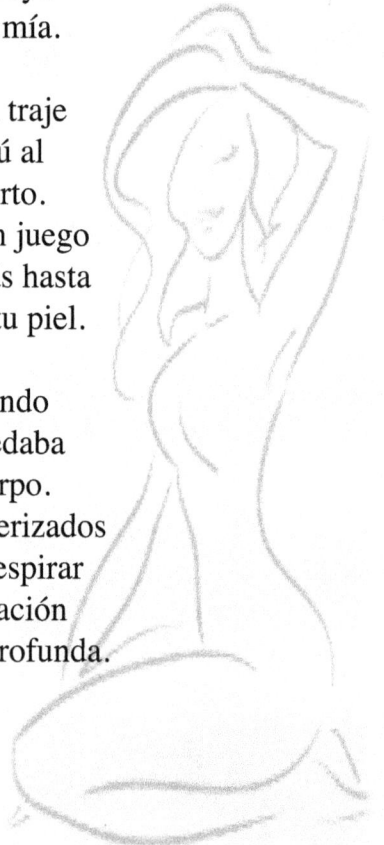

# *Juegos típicos*

Juegos, jugamos de manos
sin prisa.
Juegos típicos para
calentar.
Nuestras manos;
nuestros cuerpos.

Juegos que
fueron agitando
nuestros cuerpos;
hasta llevarlos
a sudar.

Esa agua salada
recorría nuestros
cuerpos.
Todo estaba
mojado
Todo…
Doncella.

# Salíamos

Salíamos de noche;
pero hoy estás casada
Y yo estoy casado.

Hoy las trampas
se hacen de día.
Ya no podemos
salir de noche.
Tú estás casada
y yo también.

## Amor en secreto

Yo sé que me amas
    en secreto.
Tu mirada te delata.
Yo sé que me amas
    en secreto.

El palpitar de tu
corazón te delata.
Yo sé que me amas
    en secreto.

Te vuelves niña
cuando estás
    a mi lado.
Yo sé que me amas
    en secreto.

Aunque tú no me
lo digas, mi cozarón
    lo presiente.

# *Te amo*

¿Por qué
hacer un
poema,
tan largo?
Si yo
te quiero
decir:
¡Te amo!

# Tu respiración

Me gusta oir tu repiración
anhélito.
Como las olas del mar,
que no cesan
de batirse contra
la orilla.

¡Oírla, oírla, oírla !

Hasta que llega,
toda esa calma
y se termina
la tempestad.

# La llegada

Salí de día
y llegué de día.
Una noche de
sombras y bailes,
bailes y sombras.

Bebida de vodka,
bebida de china,
noche de lujuria.

Salen los primeros
hilos del sol
detrás de tu cabello.
Que noche, noche
de lujuria,
que resaca.

## *Esa primera vez*

Esa primera vez
que ibas a ser mujer,
dijiste:"si quiero."
Pero recuerda,
yo no soy mujer.

Yo quería amarte,
tú querías amarme,
¿qué paso?

# La entrega

Recuerdo tus pezones
eregidos;
recuerdo tus pezones
rojos de vergüenza.
Tu recuerdas esa
primera entrega.

Recuerdo la primera
rigidez de tu cuerpo.
Recuerdo cuando
aprisionaba
mis piernas
con tus piernas.
Recuerdo todas
tus entregas.

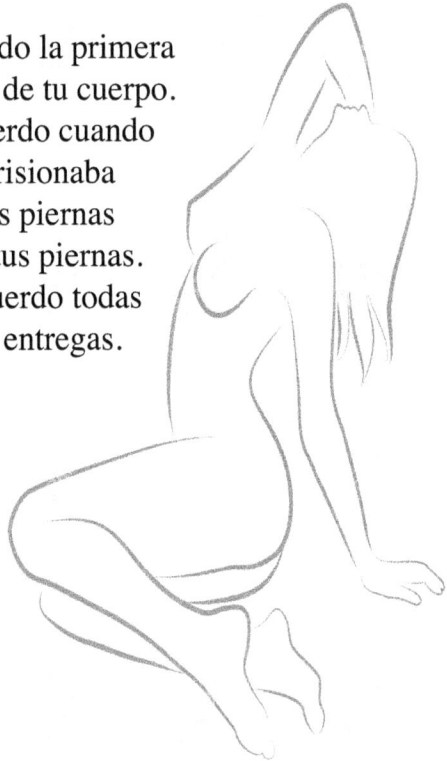

# La sábana

La sábana nos viste
nuestros desnudos cuerpos.
Tú me vistes con tu piel
calentando mi cuerpo
otra vez más.

Otra vez más
nos vemos a escondidas
buscando solo el placer.
La sábana vuelve
a cubrir nuestros
cuerpos.
Nuestros
secretos.

# A ti te escribo

A ti te escribo
mis versos,
mis alegrías,
mis sinsabores.

Siempre te escribo
lleno de felicidad,
lleno de angustia,
pero te escribo.

# Tu mirándome en silencio

Tantas cosas que me decías
aún sin expresar palabras.
Tu continuamente me hablabas.
Tu mirándome en silencio
cuantas cosas expresabas.

Vertía todo tu dolor,
en la expresión de tus ojos,
en la expresión de tu corazón.

# La primavera

Oigo los pájaros
cantar
Presienten la
primavera.

Están recobrando
su esplendor.
Se siente la vida,
se siente tu presencia.

Todo renace cuando
llega la primavera,
hasta nuestro amor.

# Tatuajes

Símbolos en la piel.
Tatuajes, tatuajes
y más tatuajes.
Los símbolos de tu
cuerpo: ¿Qué dicen?
Como se pueden
interpretar.

Símbolos
cientos de símbolos
en tu cuerpo.
¿Qué significan?
Le darán más
belleza a tu
cuerpo natural.

# Como un lienzo

Como un lienzo
para escribir
usan sus cuerpos.

Símbolos que hacen
más hermoso
sus cuerpos.

## El poema

Encontré un papel amarillento.
Lo desarrugué
para leer su contenido.
Estaba un poema
que te había escrito
a ti mi amada.

Tantos años y ese
viejo papel aparece.
Me trajo recuerdo de ti.
Yo espero que hayas
sido feliz en tu vida.
Porque desde que te fuiste
yo no he podido vivir la mía.

# Un vaso de vino

Estoy en el lugar
que nos conocimos.
La misma mesa,
un vaso de vino.
Para brindar por ti.

Por ese amor olvidado.
Bueno olvidado a medias;
porque por ti escribo.
Escribo todos los sinsabores,
que he vivido por tu partida.
Que descanses en paz,
mi viejo amor.

# La canción

Oigo el río correr
y recuerdo las canciones
que cantabas en la ribera.

Oigo pájaros cantar
las canciones que tú
cantabas en la ribera.

Ribera silenciosa
de nuestros amoríos.

# *Refugio*

Recuerdo cuando
llegaste a mí;llorosa,
apesadumbrada,
buscando refugio
en mi cuerpo.

Recuerdo cuando yo
iba a ti y tú no
me correspondías.

Hoy vienes tú, sin
yo pedirlo, a buscar
refugio en mi cuerpo.
Ya vez, tú me rechazabas
pero yo hoy no te rechazo
y te refugié en mi regazo.

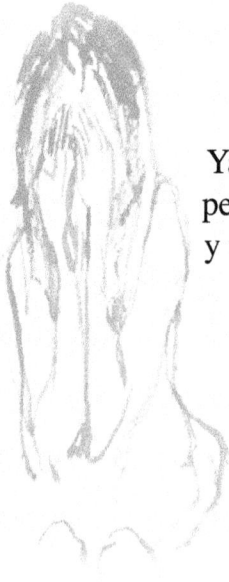

# *Yo y mi soledad*

En esta soledad pienso
en ti y en todas ellas.
Pasaron por mi vida
y se me escurrieron
como el agua
entre los dedos,
y no supe retenerlas.

Esto no es un reproche
es simple curiosidad;
de esas que nos deparó
esta vida.

# La esperanza

Toda la noche
esperándote,
y esa llegada
nunca se dió.

Fue una intensa
agonía, amor.

# Tu mirada lo dice todo

Tu mirada lo dice todo.
Te miro a los ojos
y encuentro las
repuestas.

No pregunto nada,
quizás no habría
ninguna respuesta.
Tus ojos hablan.

Las preguntas que te hago,
en tus ojos encuentro
todas las respuestas.
Se terminó nuestro amor.

# *Deseo de ti*

Mi cuerpo febril
de deseo por ti.

Tú vientre deseoso
de un cuerpo tibio.

Buscando maximizar
nuestros momentos de amor.

# La comunión

Tu cuerpo
esbelto
dejas que yo recorra.
Tu cuerpo,
que es mí
alimento
espiritual.

Tu cuerpo,
que es la
comunión
de nosotros dos.
Tu cuerpo,
unido a mí
cuerpo
por toda
la eternidad.

# La lluvia

Oigo la lluvia caer
en mi ventana
y llega la melancolía.
Ya que pienso en ti,
y tú no estás a mi lado.
Pienso en ti
y te oigo
justo a mi lado
mirándome de amor.

# No te veo

Hoy hace exactamente
una eternidad
que no te veo.
Hoy vienen recuerdos
de ese lejano tiempo.
Hoy vienen recuerdos
de ti por toda
la eternidad.

# Fuiste mía

Fuiste mía
el verano pasado.

Yo fui tuyo
todas las estaciones.

# *Te imaginas*

Te imaginas.
Yo me imagino
recorriendo
todo tu cuerpo.

Sin prisa,
sigilosamente
pero sin pausa.
Hasta que
todo se
consuma.

# Tu belleza

Si fuera escultor,
esculpiría tu cuerpo
en mármol.

Si fuera pintor,
plasmaría tu figura
en el lienzo.

Si fuera poeta,
no encontraría
palabras para describir
tu belleza.

# El laberinto

Son tantos los laberintos
que hay que recorrer
para llegar al amor.
Pero muchas veces el
camino está lleno de espinas,
de sacrificios y sufrimientos.
Pero muchas veces el camino
está lleno de miel y mucho amor.
Hay que recorrer el laberinto
para saber cuál te toca,
para hallar el verdadero amor.

# Mis sentimientos íntimos

Busco en lo más profundo
de mi alma, mi palabra
perfecta.

Perfecta para expresar
mis sentimientos íntimos.

Perfecta para poder
plasmar tu alma
En este maravilloso
lienzo.

# *Pienso en ti*

Pensando estoy en ti
y me pregunto:
¿Dónde estarás?
Que harás tú a
esta hora.
Pensando estoy en ti
y vienen recuerdos;
de cuando jugabas con
tu cabello y se escurría
dentro de mi dedos.
Pensando estoy en ti
y recuerdo los besos
tan apasionados
entre nuestros labios.
Pensando estoy en ti
y me pregunto:
¿Dónde estarás?
¿Qué harás tú a
está hora?

# Tu cabellera

Miro tu dorada cabellera;
reposando sobre la cama
esperando por mí.
Cabellos largos como el maíz;
que fui acomodando
sobre tus pechos.
Como un escultor
da sus cinceladas
sobre el mármol.
Con mis manos fui
tallando la piedra
que voy a esculpir.
Tu tez blanca ilumina
mi cuerpo sobre ti.

# *Candilejas*

Esa mujer
con su piel morena,
con las candilejas
a medio encender.
Nuestras pieles
se juntan,
y en la oscuridad
se dibujan
nuestros cuerpos
con la luz.
Hasta brotar un hilo
de sangre tenue.
Una lágrima
de tus ojos negros
y una gran entrega;
con tus besos
de felicidad.

# *Tu sonrisa*

Tu sonrisa contagiosa
Siempre me acariciaba
el rostro.

Tu sonrisa contagiosa
Era mi alegría
y de todos.

Tu sonrisa contagiosa
Estrepitosa
ya no se oye.

# Todo comenzó en un momento

Todo comenzó en un momento.
En ese momento indicado
Todo inicio
Una mirada.
Tú y yo llegamos a esa entrega
Fue una entrega fortuita
Pero fuiste mía
Y yo fui tuyo
Pero solo por ese momento.

# Nuestros cuerpos

Te estoy llevando
a donde yo quiero llevarte.
Llevarte sin inhibiciones
llevarte a ser mía.

Te llevo, tú me llevas.
A donde tú quieres,
a unir nuestros cuerpo.
Ser solo por un momento amantes.

# *Tus ojos*

Tus ojos brillan de felicidad,
cuando hablamos de amor. Adquieren un brillo
especial,
cuando penetramos el umbral
de tu cuerpo.

Tu semblate se vuelve rojizo
dentro de la alcoba.
Hablamos de nuestros sueños.
Sueños lejanos.

Un roce de mis labios, en las protuberancias de tu
cuerpo.
Nuestros cuerpos se calientan.
Pasa por nuestros cuerpos
el deseo de poseernos.

# Semilla de amor

Al caer la lluvia
de tus ojos,
en la tierra bendita.

Allí nació nuestra
semilla de amor.

# *A veces sueño contigo*

A veces sueño contigo,
sueño despierto.
Cuando nos besamos,
como dos amantes.

Sueño despierto,
porque es la única
forma de soñar
lo pasado.

Tengo miedo de
quedarme dormido
y dejar de soñar.
En los gratos recuerdos
que pasamos juntos.
Juntos soñando.

## *Perdona*

Tú me amaste
con pasión.
Y yo,
no te correspondí
como debía.

Te quejaste, pero
el amor es así,
no es perfecto.

Tu distes todo de ti,
Pero yo no dí
nada de mí,
Perdona.

# *Fue una noche*

Fue una noche
cuando nos abrazamos.
Tu abrazo estremeció
mi cuerpo de pasión.

Tanto tiempo anhelando
tenerte entre mis
brazos y de repente
Fuiste mía.

# Te veo venir

Te veo venir,
mi corazón
se acelera.
La respiración
se agita.

Mas te veo,
pasar por mí
lado.
Sin decirte nada.

# *Poesía*

Tu cuerpo tiene,
el mismo aroma que
destila la poesía.

Olores que seducen,
olores que llevan
al éxtasis.
Como tu poesía.

# *Juventud*

Gloriosa juventud.
Dichoso aquel, que
la pudo vivir
a plenitud.

Cuando llega
el invierno,
no perdona.

Los años llegan,
todos en tropel.
Y la muerte no
acaba de llegar.

# *Hojas secas*

Nuestro amor
se fue secando.
Como esas hojas,
que a los árboles
se le caen.
Pierden su verdor
y se vuelven cobrizas.

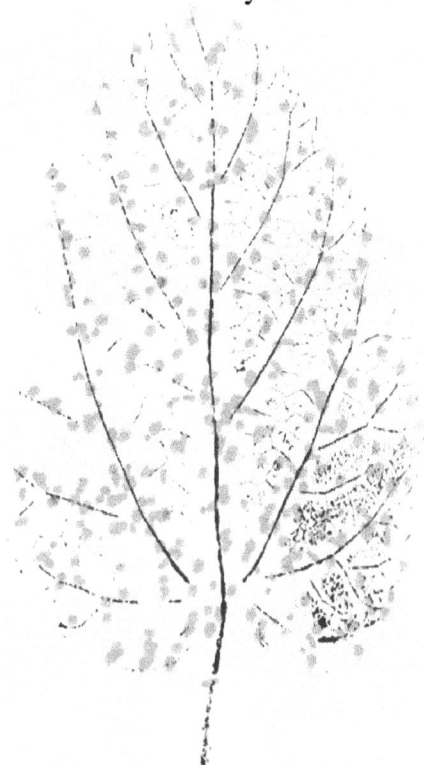

# Que más quieres de mí

Que más quieres de mí.
Ya te lo he dado todo,
mi amor, mi vida.

Que más quieres de mí.
Ya no me queda nada
más que darte.

Antes de morir
voy a darte,
el último suspiro
de mi vida.
Así todo estará completo.

# *Estoy escribiendo versos*

Estoy escribiendo versos,
por lo menos eso creo yo.
Y de pronto llegan
tus recuerdos.
Y de pronto
dejo de escribir.

# Murió nuestro amor

Así como tú ya
no sientes hoy.
Lo que sentías ayer.
Así fue muriendo
nuestro amor.

Secándose como
una gota de rocío
cuando le da el Sol.
Así fue muriendo
nuestro amor de ayer.
Así voy muriendo
yo hoy.

# Soledad

Ya lo dijo su Santidad.
El hombre de hoy
es un hombre solo.
Solo en sus agonías.
Solo en su caminar.
Solo en su soledad.

# El camposanto

Las palmeras
se mueven
con el viento.
Las flores
se mueven
con el viento.
En el camposanto
todo se mueve
menos los muertos.

Extiendes la vista
y ves las palmeras,
banderas, las flores.
Quizás por la paz
que se siente.

Ellos no protestan
contra nosotros.
Si no fuimos lo bueno
que se merecían.

Quizás prefieren estar
aquí en vez de levantar
la voz y protestar
sobre su vida.
Se siente una
paz inmensa,
pero no me
quiero quedar
aquí.

# La escalera

Sentado en una mesa
las parejas suben y bajan.
Las botellas de cerveza
sobre la mesa.
Los vasos de cuba libre
sobre la mesa.
Y observo el sube y baja.

No hay letreros de precios,
te hablan al oído.
Unas más caras
que otras,
suben y bajan.
Trabajo que hay
que realizar.

No es por gusto
por algo cobran.
Con eso sustentan
los pilares
de su hogar.

# La noche fría

Estas noches frías;
ya no son tan tibias
desde que te fuiste.

www.ingramcontent.com/pod-product-compliance
Lightning Source LLC
Chambersburg PA
CBHW071953100426
42736CB00043B/3167